ALPHABET

MILITAIRE

en images

Prix en noir : 1 franc.

PARIS

MAISON MARTINET

RUE DE RIVOLI, 172. — GRAND HOTEL DE LA PAIX, BOULEVARD DES CAPUCINES,

ET RUE VIVIENNE, 41

ALPHABET

MILITAIRE

en images

PARIS

MAISON MARTINET

RUE DE RIVOLI, 172. — GRAND HOTEL DE LA PAIX, BOULEVARD DES CAPUCINES,

ET RUE VIVIENNE, 41.

1862

A B C D E

F G H I J K

L M N O P

Q R S T U

V W X Y Z

a b c d e f g

h i j k l m n

o p q r s t u

v w x y z

a b c d e f g h i j k l m

n o p q r s t u v w x y z

0 1 2 3 4 5 6 7 8 9

Zéro Un Deux Trois Quatre Cinq Six Sept Huit Neuf

BA	BE	BI	BO	BU
CA	CE	CI	CO	CU
DA	DE	DI	DO	DU
FA	FE	FI	FO	FU
GA	GE	GI	GO	GU
HA	HE	HI	HO	HU
JA	JE	JI	JO	JU
KA	KE	KI	KO	KU
LA	LE	LI	LO	LU
MA	ME	MI	MO	MU
NA	NE	NI	NO	NU
PA	PE	PI	PO	PU
RA	RE	RI	RO	RU
SA	SE	SI	SO	SU
TA	TE	TI	TO	TU
VA	VE	VI	VO	VU
WA	WE	WI	WO	WU
XA	XE	XI	XO	XU
ZA	ZE	ZI	ZO	ZU

ba	be	bi	bo	bu
ca	ce	ci	co	cu
da	de	di	do	du
fa	fe	fi	fo	fu
ga	ge	gi	go	gu
ha	he	hi	ho	hu
ja	je	ji	jo	ju
ka	ke	ki	ko	ku
la	le	li	lo	łu
ma	me	mi	mo	mu
na	ne	ni	no	nu
pa	pe	pi	po	pu
ra	re	ri	ro	ru
sa	se	si	so	su
ta	te	ti	to	tu
va	ve	vi	vo	vu
wa	we	wi	wo	wu
xa	xe	xi	xo	xu
za	ze	zi	zo	zu

A

Aide de camp.

Aigle.

Arabe auxiliaire.

Armes.

Artilleur.

Adjudant.

Bachi-bouzouk.

Brigadier.

Bivouac.

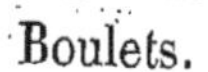

Bombes.

Boulets.

Bersaglieri.

Chien savant.

Caporal.

Chasseur d'Afrique.

Carabinier.

D

Dragonne.   Drapeaux.   Déserteur.

Dragon.   Duel.

E

Enfants de troupe.

École Polytechnique.

Épées.

Épaulettes.

École régimentaire.

Élèves-Trompettes.

F

Falot.

Fusilier.

Feu.

Fourrier. Factionnaire. Fourrageurs.

G

Général.

Génie.

Grenade.

Grenadier.

Gants.

Gendarme à pied.

Gendarme à cheval.

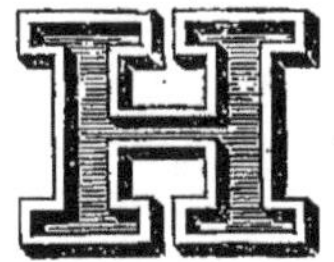

Haches.

Hongrois.　　　Highlander.　　　Hussard espagnol.

Honneurs militaires.　　　Hussard français.

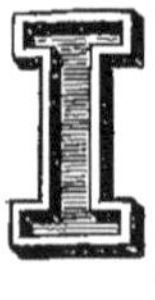

Insignes militaires.

Invalide.

Immobile.

Infirmier.

Impropre au service.

Insubordination.

J

Japonais.

Jean-Jean.

Jolicœur.

Joûte.

K

Kolbach.

Képi.

Kalmouck.

Kurde.

Kirghize.

Kabyle.

L

Libéré.

Lieutenant.

Latte.

Lancier.

Lit de camp.

M

Musicien.

Maître d'escrime.

Major.

Maraudeur.

Matamore.

N

Napoléon III.

Napoléon Ier.

Noir d'Haïti.

Numéro exempt.

Numéro partant.

Nomination.

O

Obusier.

Officier en bourgeois.

Ordre.

Obus.

Ordonnance.

Obstacle.

P

Poignard, Plumet.　　　　Pansage.　　　　Planton.

Porte-Étendard chinois.　　　　Pompier.　　　　Porte-Drapeau.

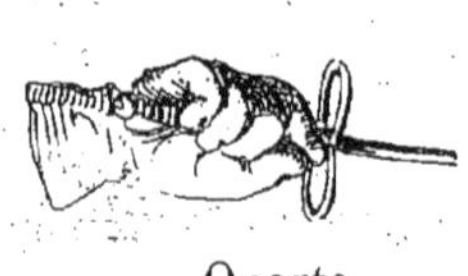

Quarte.

Querelle.

Quartier.

Qui vive?

R

Recrues.

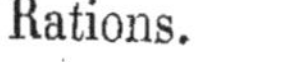

Rations.

Réfractaire.

Réclamation.

S

Shako.   Sac.   Sapeur.   Sergent.   Sergent-Major.

Sous-Lieutenant.   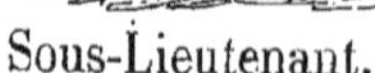 Spahis.   Salut militaire.

T

Tambour.   Tourlourou.   Trompette.

Tente.

Turcos.   Tartare.

Uniformes divers.

Ustensiles.

Uhlan.

Un, deux, un deux.

Victorieux.

Volontaire Sicilien.

Vaguemestre.

Victoire.

Vedette.

Vivandière.

Xarayès.

Xaliscoan.

Xoullan.

Ximo.

Y

Yaouri.   Yankoan.   Yasshans.

Yéridis.   Yakoutes.

Z

Zouaves.

Zouzou.

Zaïn.

Zéphir.

Wurst.

Washington.

Wurtembergeois

Wimpffen, Feld-Maréchal.   Westphalien.   Wellington.

VERSAILLES. — IMPRIMERIE BEAU JEUNE, RUE DE L'ORANGERIE, 36.

LE PÈRE LA MORALE

HISTOIRE POUR TOUS

Le titre indique le plan de l'ouvrage. Contes moraux écrits par Alfred Des Essarts et illustrés par Lassalle.

Prix, cartonné, en noir: 8 fr.

LA JOIE ET LE BONHEUR DES ENFANTS

GRAND ALBUM ILLUSTRÉ DE 100 GRAVURES

IMPRIMÉES DANS LE TEXTE

Texte par Jules Félix, et dessins par Télory. Ouvrir aux enfants, au moyen d'un texte où l'intérêt s'allie à la gaieté et de dessins dus à un crayon habile, le monde entier des plaisirs qui sont pour le jeune âge une récompense et un encouragement au bien, tel est le but de ce riche et élégant album que nous avons fait imprimer sur papier collé, afin que les enfants puissent, si bon leur semble, colorier les nombreux dessins.

Prix, cartonné avec couverture chromo : 8 fr.

TOILE, 2 FR. EN PLUS.

LE MIRLITON MERVEILLEUX

Conte bleu raconté par Jules Rostaing, illustré par Télory. 24 grandes planches.

Album féerique qui, comme une vraie pièce théâtrale, possède une riche mise en scène, de nombreux trucs et changements à vue.

Cartonné : noir, 8 fr. ; couleur, 12 fr.

LES VACANCES DE POLICHINELLE	LES DIMANCHES DE LA POUPÉE
LES CONTES DES FÉES	ROBINSON SUISSE
LES ENFANTS EN IMAGES	LE TRÉSOR DES ALPHABETS

Ces six Albums sont les premiers d'une série amusante, que l'on pourrait appeler les histoires en images. Peu de texte en forme de légendes, et que l'action représentée en nature fait lire avec plaisir, voilà le plan de cette série, dont la combinaison ne peut que plaire aux jeunes enfants en leur rendant la lecture agréable.

Noir 3 fr. ; couleur 4 fr. 50.

AVEC UNE JOLIE COUVERTURE CHROMO.

Versailles. — Imprimerie de Beau jeune, rue de l'Orangerie, 36.